AF288977

BUCHSTABENZAUBER

MEINER

GEDANKENWELT

Wundertütenpoet

VON

TINA HÜSCH

DIE MÖGLICHKEITEN
VON SEELENLYRIK UND POESIE

Bibliografische Information der Deutschen Nationalbibliothek: Die Deutsche Nationalbibliothek verzeichnet diese Publikation in der Deutschen Nationalbibliografie; detaillierte bibliografische Daten sind im Internet über dnb.dnb.de abrufbar.

© 2024 Tina Hüsch

ISBN: 9783758363535

Herstellung und Verlag: BoD – Books on Demand, Norderstedt

ABOUT ME

Ich bin eine begeisterte Buchstabenzauberin und fest davon überzeugt, dass im Alphabet alle Träume dieser Erde versteckt sind.

In meiner Welt sind Buchstaben und Worte wie leuchtende Sterne am Nachthimmel meiner eigenen Gedanken.
Mein Gehirn arbeitet in einer endlosen Schleife aus kreativem Chaos und Freude am Leben.
Als wandelndes Farbklecks-Experiment verwandle ich das Alltagsgrau in ein kunterbuntes Wunderland und nenne es Realität.
So sind meiner Ansicht nach Fehler nur unbeabsichtigte Meisterwerke, aus denen oft die besten Ideen entspringen.
Mein Lebensmotto lautet: Wenn schon erwachsen, dann aber mit einem Augenzwinkern und einer Prise kindischer Frechheit.
Dadurch siegt in mir immer die Freude des Herzens und es lacht die Chance des Augenblicks.

Komm mit und erlebe den Buchstabenzauber Deiner eigenen Fantasie.

 TINA

FÜR MEINER

BUCHSTABEN

WUNDERWELT ...

Für alle die,

die an den Zauber der Buchstaben glauben

und wissen, dass ihre Fantasie davon lebt!

Für Dich,

weil die Magie der Buchstaben-Wunderwelt

Deine Gedanken jeden Tag aufs Neue verzaubert,

so dass Du immer alles

mit Kinderaugen sehen kannst.

INHALT

EINBLICK, EINSICHT, ERKENNTNIS ...

Wenn uns eins in unserem Leben begleitet, dann sind es Worte. Worte, die wir selbst sprechen, aber auch die Worte, die wir hören, und all diese Worte werden gemeinsam zu unserem So-Sein. Aus ihnen gestalten sich unsere Gefühle, und unsere Gefühle gestalten letztendlich unser Leben.

Wie wichtig ist es doch gerade dann, seine Worte mit Bedacht zu wählen und sich zu bemühen, auch in schwierigen Situationen nicht mit unschönen Worten zu reagieren.

Denn schließlich haben Worte eine Zaubermacht.
Die Erkenntnis, dass Worte eine transformative Kraft haben können, führt zu einem tieferen Verständnis der Sprache und der Art und Weise, wie wir kommunizieren.
Es lenkt unsere Aufmerksamkeit auf die Bedeutung von Worten und die Absicht hinter ihnen. Durch bewusstes Sprechen und positive Affirmationen können wir den Wortzauber nutzen, um unser Leben positiv zu beeinflussen und eine Atmosphäre von Wohlstand, Gesundheit und Glück zu schaffen.

Auch ist es wichtig, die Verantwortung für die eigenen Worte zu übernehmen. Worte können nämlich verletzen und heilen zugleich.

Sie können aufbauend oder zerstörend wirken, es kommt immer darauf an, wie man die Macht seiner Worte benutzt, um beim Gesprächspartner gute oder schlechte Gefühle auszulösen.

Wenn wir uns dieser großen Macht bewusst werden, die Worte haben können, dann werden wir in Zukunft bewusster kommunizieren und es dadurch schaffen, unser Miteinander hier auf dieser schönen Welt zu verbessern durch Mitgefühl, Liebe und Harmonie.

So sind Worte mehr als nur eine Kombination von Buchstaben und Klängen. Sie tragen ihren ganz eigenen Zauber in sich und durch diese einzigartige Magie haben sie die Fähigkeit, Emotionen zu erwecken und alles zu beseelen.

Denn durch unsere Worte formen sich unsere Gedanken und durch unsere Gedanken entsteht unser Leben, unsere ganz eigene Realität.

Durch diese große Wirkkraft der Worte offenbart sich auch ihre Fähigkeit, in unserem Geist Bilder entstehen zu lassen, und durch diese Bilder bilden sich in unserem Innersten unsere Emotionen und Gefühle.

So reicht ein einzelnes Wort aus, um Freude, Trauer, Hoffnung oder auch Angst entstehen zu lassen. Es gibt einfach keine größere Macht als die Macht der Worte.

Worte haben die Macht, die Welt zu verändern, wenn sie von den richtigen Personen an den richtigen Stellen zur richtigen Zeit verwendet werden.

Doch auch in jeder zwischenmenschlichen Beziehung können Worte das Schicksal des weiteren Lebens beeinflussen und alles verändern.

Dadurch ist es möglich, nur durch Worte Verbindungen aufzubauen oder einzureißen. Worte können wie Brücken zwischen den Menschen wirken, und dadurch können die Menschen ein tiefes Verständnis und Verbundenheit füreinander aufbauen.

Worte sind das mächtigste Werkzeug unseres Seins, mit ihrer Hilfe können wir uns ausdrücken, unsere Gedanken und Gefühle formulieren und unsere innersten Wünsche und Träume teilen.

Auch haben Worte eine sehr zeitlose Natur, und schon seit Jahrhunderten haben wir Menschen uns untereinander durch Worte gegenseitig inspiriert, getröstet, aber auch herausgefordert, und noch heute können alte Schriften die gleichen Gefühle bei uns Menschen zutage fördern wie damals, als sie geschrieben wurden.

Unsere Worte sind die Grundlage unseres Lebens. Aus ihnen entsteht nicht nur unsere normale Kommunikation, aus ihnen entstehen alle Geschichten, alle Gedichte und alle Lieder dieser Erde.

Das Wort, ein einfach faszinierendes Konstrukt, das die Grundlage aller Verbindung ist und die Essenz unserer Gedanken und Ideen enthält.

Es ist ein Instrument, das einen Zusammenhalt, ein Miteinander und eine Freundschaft entstehen lassen kann. Es ermöglicht uns, unser innerstes Empfinden und die damit verbundenen Erkenntnisse miteinander zu teilen und zum Ausdruck zu bringen.

So liegt die wahre Schönheit des Wortes in seiner Tiefe. Denn schon ein einziges Wort ist im Stande, eine ganze Welle von Emotionen auszulösen und damit eine Welt auszufüllen. Es kann Erinnerungen und Ideen in uns wachrufen und komplexe Sachverhalte vermitteln.

Darüber hinaus ist das Wort ein Spiegel unserer Kultur und Geschichte. Durch die Untersuchung von Sprache können wir die Entwicklung einer Gesellschaft verstehen, ihre Werte erkennen und Einblicke in ihre Weltanschauung gewinnen.

Doch das Wort ist auch fragil. Missverständnisse, falsche Interpretationen oder Missbrauch können seine Bedeutung verzerren oder seine Kraft mindern.

Daher ist es wichtig, das Wort mit Respekt und Bedacht zu verwenden und sich der Verantwortung bewusst zu sein, die mit seiner Verwendung einhergeht.

Das Wort als unermesslicher Schatz, dessen wir uns bewusst werden müssen. Den es zu hüten und zu pflegen gilt. Denn es ist das Fundament unserer Kommunikation.

Ein einziges Wort hat die Macht, unseren Stresslevel zu regulieren und unsere Emotionen in ein angenehmes Fahrwasser zu geleiten.

Worte sind so mächtig, sie sind die Bausteine unserer Gedanken und aus ihnen entstehen unsere Gefühle. Somit sind sie der Schlüssel zum Verständnis der Welt um uns herum.

Diese zehn Sätze sagen viel über die Macht der Worte aus:

1. Worte sind die Funken, die das Feuer der Vorstellungskraft entfachen.
2. Worte sind die Brücken, die uns mit anderen verbinden und Verständnis schaffen.
3. Worte sind die Magie, die unsere Träume zum Leben erwecken kann.
4. Worte sind die Werkzeuge, mit denen wir die Realität formen und gestalten.
5. Worte sind die Tore, die uns neue Welten und Möglichkeiten eröffnen.
6. Worte sind die Fenster, durch die wir die Seele eines Menschen erkennen können.
7. Worte sind die Samen, aus denen Ideen wachsen und die die Welt verändern können.
8. Worte sind die Bausteine unserer Kommunikation, die unsere Beziehungen formen.
9. Worte sind wie Medizin, die die Wunden unserer Seele heilen kann.
10. Worte sind wie Geschenke, die wir austauschen, um Liebe, Mitgefühl und Wissen zu teilen.

Wenn man ein Wort mit einem Wort beschreiben sollte, dann wäre es immer ein Ausdruck.

Ein Ausdruck des eigenen magischen **Buchstabenzaubers:**

B – edeutungsvoller
U – nbeschreiblich
C – haraktervoll
H – eilsam
S – charfsinnig
T – iefgründig
A – uthentisch
B – elebend
E – hrlichkeit
N – atürlichkeit
Z – eitlos
A – usdrucksstark
U – nersetzlich
B – ewegend
E – inzigartig
R – eflektierte

Stell Dir vor, die Welt der Worte ist wie eine schillernde Schatzkiste voller **bedeutungsvoller** Juwelen. Jedes Wort funkelt **unbeschreiblich** hell, strahlt **charaktervoll** in seiner eigenen Farbe und kann sehr **heilsam** sein. Doch das ist noch nicht alles!

All diese Worte sind nicht nur **scharfsinnig**, sondern auch **tiefgründig** wie Ferien für den Verstand.

18

In dieser verzauberten Welt sind die Worte **authentisch** und **belebend**. Sie zeigen uns mit der **Ehrlichkeit** eines Kindes, was wirklich wichtig ist in unserem Leben.

Nur durch Worte können wir unsere eigene **Natürlichkeit** erkennen und uns fortan **zeitlos** selbst treu sein.

Ihre Botschaften sind **ausdrucksstark** und **unersetzlich** wie die Luft zum Leben.

So sind die von uns gesprochenen Worte **bewegend** und **einzigartig** zugleich und geben eine **reflektierte** Vielfalt unseres Denkens und Fühlens wieder.

So gibt es in der Welt der Worte keinen Stillstand, nur einen endlosen Wirbelwind aus Ideen und Emotionen, der uns immer wieder aufs Neue verzaubert!

UNENDLICHKEITSWORTE

In einem Meer aus Buchstaben
liegt der Zauber der Worte verborgen.
Jedes Wort ist der Beginn für einen neuen Morgen.
Ein A kann für den Anfang stehen
und ein Z für zu spät, um alles noch zu verstehen.
So werden aus Buchstaben die Worte, die unsere Gedanken gestalten
und in unserem Körper die Emotionen am Leben halten.
Dadurch wirken Worte wie Elixier,
sie zu gebrauchen, dafür sind wir Menschen hier.
Mit unserer Sprache können wir alles gestalten,
so bleibt nichts, wie es war,
und das Jahr um Jahr.
In einem jeden liegt die Kraft,
mit der man aus Worten eine neue Welt erschafft.
Lasst uns mit Bedacht unsere Worte wählen,
einander die schönsten Geschichten erzählen.
Damit der Frieden wieder einzieht hier auf dieser schönen Welt,
so habe ich für uns alle die schönsten Worte beim Universum bestellt.

Erkenne auch Du die große magische Kraft von Worten und wie sie Dir helfen können, Dein Leben positiv zu beeinflussen, wenn Du sie mit Bedacht wählst und Dir ihrer Wirkung auf das Gegenüber bewusst wirst.

LASS DIE SCHÖNEN WORTE SPRECHEN, DANN WERDEN SIE DAS EIS DER WELT ZERBRECHEN. LASS DURCH WORTE DIE EMOTIONEN FLIESSEN, DANN WIRD BALD GLÜCK UND FREUDE AUF ERDEN SPRIESSEN UND WIR KÖNNEN UNSER LEBEN MITEINANDER GENIESSEN.

ERSTER STREICH ...

Da gibt es diese **Wunder der Möglichkeiten,** die immer wieder einen
Daseinsfrühling in meiner **Gänseseele** entstehen lassen und mich für
alle **Herausforderungen** öffnen.

Dadurch werde ich dank meiner **Buchstabenmagie**
Einfach nur glücklich den **Lebenstest** bestehen.

So kann die **Sternenpilgerin** in mir einen **Reiseführer** erstellen, der
vom **Mehrmeerglück** erzählt und von den
Erkenntnissen einer Räubertochter weiß!

WUNDER DER MÖGLICHKEITEN

All das, was gestern noch undenkbar war,
ist heute schon verhandelbar!
Ist das nicht ganz wunderbar?
Ein Leben ohne jede Gefahr!
Alles ist durchführbar,
ganz und gar ohne jedes Formular
jederzeit erreichbar.
Ist das nicht unbezahlbar?
Einfach nur fürs Repertoire
zu jeder Zeit übertragbar,
nachvollziehbar und untrennbar.
Ein neues Accessoire,
so ist das Leben abänderbar,
wo vorher nur Google war.

DASEINSFRÜHLING

Ich sitze hier in der Dämmerkühle
und wollte so gerne im Daseinsfrühling sein.
Geheimnisleer ist unsere Stille
und sollte doch die Fülle unseres Lebens sein.
Glücksfremd und grauseiden
vermiss ich deine Worte hier,
geblieben sind mir alte Zeilen,
herzeigensüchtig sehne ich sie wieder her.
Himmelsüß und kussfroh
waren unseres Traumes Federn,
doch nun zetert unsres Wunsches Heimlichkeit,
laterneneinsam in der Nacht
wäre sie zu mehr bereit.
Geheimnisdurstig sich verbindend,
Flatterlust mit leichtem Herz,
in die Arme des anderen sinnend,
oh buntaufschäumend,
welch ein süßer Schmerz.

GÄNSESEELE

Ich habe eine putzwunderliche,
flatterschöne Gänseseele,
die mit ihrer Launerei
ein Groschenwerk an Himmelslieblichkeit erstellt.
So ist sie ein quietschvernünftiger Wortverkäufer,
der im Sauseschritt abenteuerbegeistert das Himmelsglück
als des Teufels Meisterstück verkauft.
Sie kann Gedanken segelnd
einen Freudensprung der Wortbalgerei wagen
und kinderjung herzverzaubernd sein,
auf dass die Lebensbuntigkeit
glücksversessen immer etwas Neues wagt,
so dass dadurch alles Grau sich wie von selbst vertagt.

HERAUSFORDERUNG

Ab hier bitte lächeln,
sonst werden sich die Engel im Himmel mal an dir rächen.
Versuche, die Herausforderungen leicht zu nehmen,
das sorgt im Leben für neue Themen.
Mit dieser Devise wirst du sehr weit kommen,
wenn von deiner Seele
endlich nichts mehr wird streng und zu ernst genommen.
So bist du der Traurigkeit im Leben entkommen.

BUCHSTABENMAGIE

Meine Buchstabenmagie ist meines Lebens großes WIE.
So macht mein Reim überall ein Blümchen drauf
und ich gebe das Schöne niemals auf.
Kann die tollsten Worte sehen,
wie sie werden in Poesie aufgehen
und mein Leben mir erhellen,
indem sie mir immer neue Wunder
beim Universum bestellen.

EINFACH NUR
GLÜCKLICH

Der Brausewind in meinem Herz
kennt keinen Dauerschmerz.
Will das Glücklichsein pachten und die Traurigkeit verachten.
Will nach allen Sternen greifen,
durch ihren Glanz nachts streifen.
Will vor Wundern überfließen,
sich mit Freude übergießen
und sich dem endlos fröhlichen Lachen der Neugierde anschließen.
So wird immer wieder neue Hoffnung sprießen
und Probleme brauchen sich nicht mehr zu erschießen.
Komm, lass uns das begießen,
bevor wir vor Glück zerfließen!

LEBENSTEST

Manchmal fühlt mein Leben sich wie ein Test an,
für den ich nicht gelernt hab,
alles wie im Bann.
Doch ich merke, es kommt nur darauf an, die Fragen des Schicksals zu verstehen,
um die Prüfungen zu bestehen.
Die Aufgaben, wie Rätsel, mal leicht, mal schwer,
da fehlt mir ein Lebenslehrbuch doch sehr.
Vielleicht hat der Lebenstest kein Ziel,
sondern ist Reise
und die Lektionen, die wir lernen, machen uns weise!

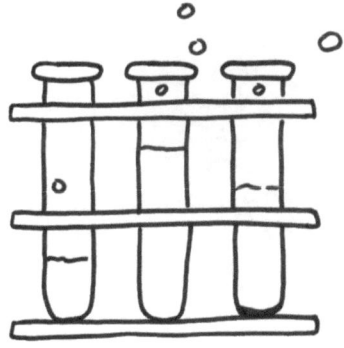

STERNENPILGERIN

Mein Daseinsfrühling ist ganz sommerabendberauscht
und lässt Novemberlocken fliegen,
damit sie kleine Wunder kriegen.
Die Laterneneinsamkeit ist nun vorbei
und die Sternenpilgerin in mir hat Spaß für zwei,
so dass sie die Schlittenfröhlichkeit meines Herzensommers grüßt
und in mir ein Lachen überfließt.
So lebe ich mein Leben hochselig im Junitraum,
bin buntbeblümt und federstill,
gerade so, wie ich es will.
Bergwaldduftend grüßt meine Himmelsfreude
und glaubt an das Hier und Heute.

REISEFÜHRER

Da gibt es ein Stück Unendlichkeit,
etwas, was immer im Herzen bleibt.
Ein Märchen von einer fernen Zeit,
was zu träumen ist jeder bereit.
All das hab ich tief in deinen Augen gesehen
und weiß, es wird bald in jedem Reiseführer stehen.
Ein Zauber, den nur die Seele kennt,
wenn man seine Träume beim Namen nennt.
So hab ich etwas sehr Großes in deinen Augen entdeckt,
daraufhin hat es sich in meinem Herz versteckt.

34

MEHRMEERGLÜCK

Da gibt es das Mehrmeerglück
für meiner Seelen Zuckerwattenstück
unter dem wiesengrünenhimmelblauen Firmament,
wo keine Angst das Unglück kennt.
Da lebt es sich so leicht und lecker
wie in der Sahnetortenabteilung beim Bäcker.
So ein Glitzerstrahlenfreudenglück
macht jede schlechte Laune verrückt,
ach, was bin ich vom Leben verzückt.

ERKENNTNISSE EINER RÄUBERTOCHTER

Ich bin mehr Räubertochter und weniger Prinzessin.
Ich bin mehr Königin der Chaostheorie
und weniger Aufräumwahn mit Ordnungssinn.
Ich bin mehr Buch mit unzähligen Fußnoten und weniger Bibel.
Ich bin mehr Abenteuer im Alltag und weniger perfekt.
Ich bin mehr Vulkanausbruch und weniger Langeweile mit Teetasse.
Ich bin mehr GPS im Irrgarten des Lebens
und weniger Landkarte im Handschuhfach.
Ich bin mehr Entdeckerin aller Möglichkeiten
und weniger Schneewittchen mit Apfelproblem.
Ich bin mehr Feuerwerk der Heiterkeit und weniger Kerze der Höflichkeit.
Ich bin mehr Adler und weniger Goldfisch im Glas.
Ich bin mehr Lass mich das Leben tanzen
und weniger Dornröschen im Schlaf.
So bin ich am Ende
eine Astronautin im Universum der Entscheidungen
und werde nie zu Cinderella auf der Suche nach dem perfekten Schuh,
denn durch zu viel Perfektheit vergeht das Leben im Nu,
so ist „perfekt" des Lebens größtes Tabu.

37

ERKENNTNISSE DES ERSTEN STREICHS ...

KANNST Du alle Wunder Deines Lebens erkennen und kannst Du sie auch benennen?
Notiere sie hier, dann lernst Du noch viele neue kennen und hast immer einen Traum, für den es sich lohnt zu brennen!

. . . .
. . . .
. . . .
. . . .
. . . .
. . . .
. . . .
. . . .
. . . .
. . . .
. . . .
. . . .
. . . .
. . . .
. . . .
. . . .
. . . .
. . . .
. . . .
. . . .

ZWEITER STREICH ...

Wer in seinem Leben immer wieder neue Wunder erkennen kann, der wird sich auch auf jeden neuen Morgen freuen können.

KOMM UND ENTDECKE DIE MÖGLICHKEITEN DES LEBENS, DENN KEINE EINZIGE MÖGLICHKEIT BEGEGNET DIR JEMALS VERGEBENS.

Wie gut, dass die **Fühlbarkeit** der **Seele** die **Sprache des Lachens** ist.

So ist der **Himmelscode** nie eine **Fiktion** und
Das Kapitel Optimismus wird **Kleinkinderglücklich** den **Glückspilz** in Dir wecken.
Fang an, zieh Dir Deine **Stilettos** an, denn **Leuchten kann man nicht allein.**

WIE GUT

Wie gut, dass mich niemand denken hören kann,
so kommt in meinem Kopf jeder nach der Reihe dran,
und zwar jetzt, nicht irgendwann.
Meine Meinung,
für die anderen nur ausschließlich in meinem Kopf!
Schön, so lasse ich im Außen alle anderen an mir vorübergehen
und denke mir das Leben schön!

FÜHLBARKEIT

Kennst du diese heilige Wut?
Die in dir lebt, sie sitzt im Knick.
Sie treibt es bunt für ihren Kick.
Wenn der Dämon dich verfolgt
und der Geist leise grollt.
Dann hat die Fühlbarkeit ihre Emotionen nicht verzollt.
Doch dein Ego hat es genau so gewollt,
so ist die Fühlbarkeit des Lebens Gold.

SEELE

Seele ist Lachen, Seele ist Mut,
Seele ist mehr als nur Körper und Blut.
Seele ist Leben, ist sich selbst Hoffnung geben.
An sich glauben, alle Ängste rauben.
Seele ist, das eigene Wesen zu verstehen,
niemals wirklich ganz zu gehen.
Seele ist die Treue zum eigenen Herz,
deshalb ist Seele manchmal auch Schmerz.
Seele ist alles, und alles ist so groß.
Verstehen unendlich und auf Erden zwecklos.
Seele ist das, was am Ende noch bleibt.
Seele ist der Akku, Seele ist der Schlag,
wenn das Herz sich wagt.
Seele, die Mitte, die in jedem lebt
und von dort ihre Verbindungen webt.
So ist die Seele ein großes Feld,
umgibt uns alle und wird von uns allen bestellt.

SPRACHE DES LACHENS

Das Lachen gibt's in allen Sprachen
und es sagt immer dasselbe aus!
Drum lasst uns mehr lachen,
Kriege verachten, auf Fröhlichkeit setzen,
uns miteinander vernetzen.
Lasst das Lachen hinaus in die Welt,
auf dass keine Seele mehr der Traurigkeit verfällt!

HIMMELSCODE

Ich möchte Sonnenuntergänge untergehen sehen,
möchte jedes Wort verstehen.
Möchte mich mit Feen drehen und in tiefe Seen sehen.
Möchte in der Sonne tauchen,
nichts anderes auf der Welt mehr brauchen.
Untergehen im Abendrot,
bis der Mond mir mit seinen Sternen droht.
So funktioniert der Himmelscode
und meine Seele ist im Lot.

FIKTION

In den alten Zeiten, als unsere jetzige Gegenwart noch Fiktion war,
war alles glasklar.
Das Sein schien einfach,
das Leben wunderbar.
So war es, als unsere Gegenwart einst noch Science und Fiction war.
Doch dann verschwamm die Realität,
das ganze Sein in Sand gesät.
Die Konturen des Lebens ohne Energie und Kraft,
da hatte es alles dahingerafft.
Wie war das Leben doch unendlich klar,
als unsere Gegenwart noch Science und Fiction war.
Jetzt ist sie ein Rätsel, ganz neblig und schwer,
die Erinnerung trüb, das betrübt mich so sehr.
Was waren die Möglichkeiten doch so groß
und die Aussichten des Lebens so formlos.
Als unsere Gegenwart ganz klar noch Science und Fiction war.

DAS KAPITEL OPTIMISMUS

Auf die Plätze, glücklich, los!
Ein neues Kapitel beginnt,
auch wenn die ganze Welt spinnt.
Es ist so schön, sich endlich wieder zu fühlen wie ein Kind,
in dem noch ein Abenteuer steckt,
und genau das hab ich für mich selbst geweckt.
So lebt der Optimismus in meinem Herzen
und liebt es,
über die Herausforderungen des Lebens zu scherzen.
Ich will alle Chancen mutig wagen
und alle Traurigkeit vertagen.
Jeden Augenblick genießen,
einfach nur vor Glück zerfließen.

49

KLEINKINDERGLÜCKLICH

Kleinkinderglücklich ist mein Herz,
kennt keinen bösen, dunklen Schmerz.
Wiesen, Blumen, lautes Lachen,
will verrückte Sachen machen
und es liebt sich zu bespritzen
beim Springen in tiefe große Pfützen.
So kann das Menschenwimmellachen
viel Zuckerwattenfreude in meinem glücklich Herz entfachen.
Es liebt sein Kunterbuntespünktchensein,
so bin ich mein eigenes Seelendaheim.

50

GLÜCKSPILZ

Weltumarmend wird mein Lachen sein,
ist es auch noch so klein.
Freudig strömend geht es in das Leben raus
und versetzt die Traurigkeit ins AUS.
So können meine Gedanken fliegen
und werden alle Sorgen besiegen.
So werd ich in allem das Positive sehen
und lerne mich mehr selbst zu verstehen.
So bin ich ein Glückspilz in der Welt,
der vom Trübsalblasen nicht viel hält!

FANG AN

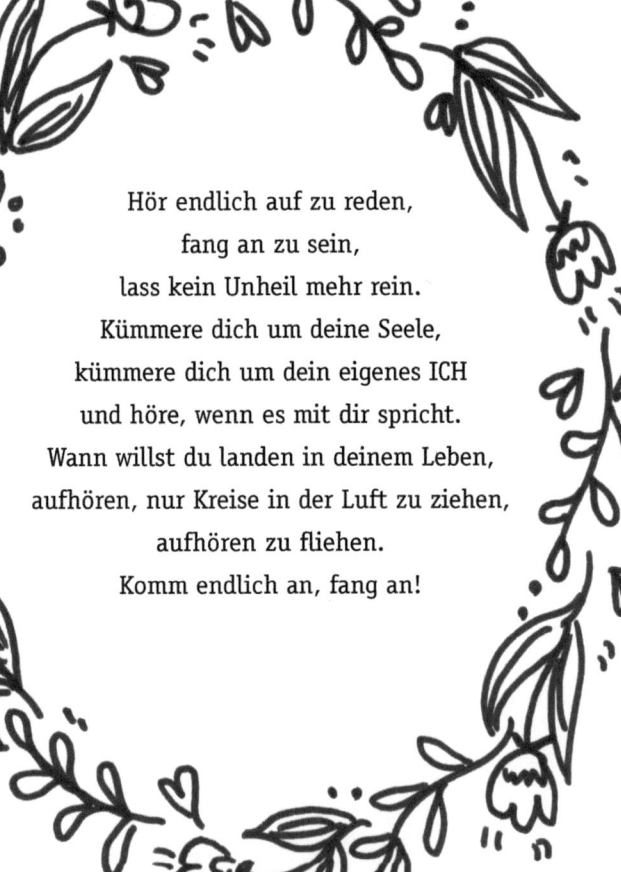

Hör endlich auf zu reden,
fang an zu sein,
lass kein Unheil mehr rein.
Kümmere dich um deine Seele,
kümmere dich um dein eigenes ICH
und höre, wenn es mit dir spricht.
Wann willst du landen in deinem Leben,
aufhören, nur Kreise in der Luft zu ziehen,
aufhören zu fliehen.
Komm endlich an, fang an!

STILETTOS

Ich hab sie ausgesprochen, die Einladung in mein Herz,
doch jetzt fühl ich nur noch Schmerz.
Du kamst in voller Wucht mit Stilettos rein,
meine Seele dachte nur „Das kann nicht sein!"
Überall dort, wo Liebe war,
hinterlassen die Stilettos ihren Kommentar.
Ein Tattoo als Tränenmeer,
als gebe es keine Hoffnung mehr.
Mein Herz durchlöchert und ganz klein,
wird doch immer voller Liebe sein.
Doch zu deinen Stilettos sagt es: Nein!

LEUCHTEN KANN MAN NICHT ALLEIN

Wichtig ist, dass du am Ende nicht vergisst,
dass jeder Stern zwei Himmel ist.
Hör tief in dich rein, so schön kann das Leben sein,
denn leuchten kann man nicht allein.
Lass die Liebe wieder zu,
dann gelingt dir ein Lächeln im Nu
und dein Herz macht nicht mehr zu.
Lass deine Seele wieder leuchten,
so dass du am Ende nicht vergisst,
dass wirklich jeder Stern zwei Himmel ist.

ERKENNTNISSE DES ZWEITEN STREICHS ...

DU musst einfach nur wollen, so kommst Du zu Deines Lebens Hauptrollen, lass ruhig alle anderen schmollen und betrachte Deine Seele mit Wohlwollen.

Schreibe die Wünsche Deiner Lebensrollen hier nieder, dann kommen sie als Hauptrollen zu Dir wieder.

. . . .

. . . .

. . . .

. . . .

. . . .

. . . .

. . . .

. . . .

. . . .

. . . .

. . . .

. . . .

. . . .

. . . .

. . . .

. . . .

. . . .

DRITTER STREICH ...

Wer sie einmal erfahren hat, die Fühlbarkeit des eigenen Seins, der wird als Optimist durch das Leben gehen und plötzlich anfangen, die Sprache des Lebens zu verstehen.

KOMM UND LASS DICH EINFACH DARAUF EIN, EIN WAHRER GLÜCKSPILZ IN DEINEM EIGENEN LEBEN ZU SEIN.

Wer will sie nicht, die **Herrschaft der Marienkäfer?**

Am Rande der Bedeutungslosigkeit könnte so ein **Glückstaumel** entstehen.

Der **Kobold meiner Seele** könnte dadurch alle **Seelenkrümel** zusammenkehren, um **Müde, aber glücklich** ein **Lebenselixier** zu erhalten.

Niemand müsste mehr **Sorry sagen ...** für einen **Vollidioten im Angebot** und die **Rabentraulichkeit** auf Erden wäre endlich gesichert.

WER WILL

Wer schön sein will, muss lachen
und verrückte Sachen machen.
Wer das Glück spüren will,
der steht nicht still.
Wer die Freude in sich findet,
sich so mit sich selbst verbindet,
der wird den Weg zum eigenen Herzen finden
und so alle Trübsal überwinden.

HERRSCHAFT
DER MARIENKÄFER

Irgendwann werden die Marienkäfer die Welt regieren,
ich bin mir ganz sicher, es wird passieren.
Dort, wo Kriege waren, ist nur noch ein Flügelschlag.
Ein anderes Sein, ein neuer Tag.
Sag, warum haben wir die Käfer nicht schon vorher gefragt?

AM RANDE DER BEDEUTUNGSLOSIGKEIT

Was ist das, was das Leben ausmacht?
Hast du auch das Gefühl,
es hat sich gerade ins Fäustchen gelacht?
Man lebt am Rande irgendeiner Bedeutungslosigkeit
und ist doch nie zum Sterben bereit.
So rennt man die Stufen des Lebens im Galopp
und versteht endlich,
nichts im Leben ist selbstverständlich.

GLÜCKSTAUMEL

Ein Lachen im Gesicht und kleine Freuden in der Hand,
so ist die Seele ganz entspannt.
Kann den Glückstaumel genießen
und vor Freude überfließen.
So wird's wieder große Wunder geben
und du kannst durch dein Leben schweben.
Stimm in den Glückstaumel ein,
denn nur mit ihm kannst du auf Dauer glücklich sein!

KOBOLD MEINER SEELE

Zaubermagie gegen das tiefe Alltagsgrau
für des Geistes Zebrastreifen,
so werden die Wunder wieder reichen.
Wenn die Seifenglitzerblasen
quer durch mein Leben rasen,
werden die Hoffnungsfunken wirbeln
und dabei neue Träume zwirbeln.
Ach, was liebe ich meines Geistes Funken Spinnerei,
wenn der Kobold meiner Seele ist mit dabei.

66

SEELENKRÜMEL

Im Weltengewimmel gibt es überall Seelenkrümel.
Die braucht das Egomonster für seinen Fimmel.
So stürzen sich die Seelenkrümel ins Getümmel
und essen Ideenkekse für Seelengekrümel
im Weltengewimmel.
Ich liebe mein Egomonster für seinen Fimmel,
ist er doch mein innerer Himmel.

MÜDE,
ABER GLÜCKLICH

Ich bin müde vom Eskalieren,
ich spür es noch in mir vibrieren.
Vom Tanzen und vom Lachen,
vom Feuerwerk-im-Herzen-Machen.
Vom Singen, vom Feiern,
vom Probleme-im-Herzen-Verschleiern.
Vom Sich-selbst-treu-Sein und den eigenen Grenzen,
vom Unliebsame-Termine-Schwänzen.
Ich bin so müde, aber glücklich im Herzen und merke,
es geht wieder aufwärts.
So liebe ich meine Eskalation,
sie ist die Freude meiner Emotion.

LEBENSELIXIER

Solange du ein Lächeln hast,
besitzt die Seele Hoffnung.
Dein Lachen ist dein Lebenselixier
und steckt tief in dir.
Erwecke deine Fröhlichkeit,
sie gibt dir Freude in einer schweren Zeit.
Lass dich einfach von ihr mitreißen,
dann wird alle Traurigkeit in dir entgleisen.

SORRY SAGEN ...

Wenn ich Sorry sage, dann reich mir deine Hand
und lass uns gehen in ein Land,
in dem die Fröhlichkeit regiert
und keiner sich mehr vor dem anderen geniert.
Lass uns einander Zeichen geben
und glücklich miteinander leben,
indem wir uns ein Lachen schenken
und damit alles Negative abwenden.

VOLLIDIOT IM ANGEBOT

In der Anzeige stand zu lesen
„Vollidiot im Angebot schwarz, weiß, rot".
Jetzt zur Wohnungsnot, dumm wie Bio-Brot.
Alles ohne QR-Code,
so bekommt man keine Atemnot im Tretboot,
das zu sinken droht,
und der Kapitän braucht kein Hausverbot.
Also schalte auf Autopilot,
dann bekommst du auch kein Berufsverbot
und es rettet dich direkt dieses Angebot:
Vollidiot mit Gutscheincode!

71

RABENTRAULICHKEIT

Wir brauchen alle mehr Rabentraulichkeit
in dieser verwirrten Zeit,
damit ein Mutgefühl übrigbleibt.
Denn mit ein wenig Dreistheit
man mehr erreicht.
So wird der Seelensee nicht seicht,
da ansonsten das Gefühlswasser nur bis zu den Knien reicht.

ERKENNTNISSE DES DRITTEN STREICHS ...

WENN Du einmal den Rand der Bedeutungslosigkeit auf Erden erreicht hast, wirst Du als Optimist glücklich durchs Leben gehen.
Vermerke hier Dein Lebenselixier, dadurch erwacht der Optimist in Dir!

....

....

....

....

....

....

....

....

....

....

....

....

                        ....

                        ....

                        ....

                        ....

                        ....

                        ....

75

VIERTER STREICH ...

Wenn man einmal im Glückstaumel des Lebens getanzt hat, dann weiß man, wie höchste Zufriedenheit geht.

HÖRST DU DEINER SEELE LACHEN, WIRD DAS GLÜCK IN DIR ERWACHEN.

Das Ende der Welt ist der **Sehnsuchtsort** in Dir. Durch genügend **Selbstliebe** werden im **Theater des Seins** immer neue **Traumwunder** entstehen.

Dadurch wird das **Karussell der Scheiße** stillstehen und ein **Feuerwerk des Dankes** entfachen. Es wird wieder **Mehr Nachtisch** geben und das **Virus des Lachens** wird zum **Heimathafen**, für den man keinen **Liebeshimmel** braucht.

Lasst uns so **Das Morgen basteln**, auf dass wir nie wieder was verpassen.

DAS ENDE DER WELT

Angekommen am Ende der Welt,
hab ich mir erst mal einen Tee bestellt.
Hab mich gemütlich hingesetzt
und fühle mich endlich nicht mehr gehetzt.
Hätte ich gewusst, wie schön doch das Ende sein kann,
hätt ich ihn vorher gewollt, den Abspann.
Denn dort, wo alle Herzen verwehen,
kann ich die Unendlichkeit sehen.
Hinter den Wolken in Unbekanntes tauchen
und einfach nichts mehr brauchen.
Denn am Ende der Welt,
wo nur Stille regiert,
wird der Tee zur Poesie, die die Seele berührt.

SEHNSUCHTSORT

Die Sehnsucht ist gerade Tretboot fahren,
die Welt ist gerade paddeln.
Keiner hält die Erdenkugel mehr an,
alle Gefühle kommen dran,
nur die Liebe verschiebt sich auf irgendwann.
Deshalb glaube an den Ort in dir,
wo die Sehnsucht heimlich wohnt,
damit es sich in deinem Leben zu lieben lohnt.

SELBSTLIEBE

Irgendwo in mir wohnt das Selbst,
noch ist es sehr klein, passt noch überall rein,
hat sich selbst noch nicht gefunden
und will alles Seiende erkunden.
Doch ich werd es füttern, damit es wächst
und es endlich fliegen kann,
so ihm entkommt, dem Alltagsbann.
Kann dadurch eigene Ziele kriegen
und den Schweinehund besiegen.
So lernt das Selbst sich endlich wieder lieben!

THEATER DES SEINS

Da gibt es dieses Herzlein in der Abendwindeskühle.
In einem Theater voller leerer Stühle
lebt da die Anmutigkeit dieses Herzens
und liebt es, wild zu scherzen.
So treibt sein Herzschlag es voran
und zieht alles Seiende in seinen Bann.
Denn es darf Heimat finden, dieses Säuselschweben,
um in den Täglichkeiten der Welt zu leben.
So was kann es nur einmal geben,
dadurch entstehen Menschenleben.
Denn die Welt ist das Puppenhaus vom lieben Gott
und der kennt nun mal keinen Boykott.

TRAUMWUNDER

Ich möchte anders sein als der Rest,
ich hasse Normalität wie die Pest.
Will mich an was Großes wagen
und im Leben nicht verzagen.
Will alles anders machen als gewohnt,
ich bin mir sicher, dass es sich lohnt.
Möchte mich verwirklichen im Hier und Jetzt
und fühle mich endlich nicht mehr gehetzt.
Werde anfangen mit dem Wunderträumen
und so keine Möglichkeiten mehr versäumen.
Werde Tausendfüßlern das Jonglieren beibringen
und mit den Ameisen Kanon singen,
das wird mich in mein Wunderland bringen.

84

KARUSSELL DER SCHEISSE

Das Gegenteil von Scheiße ist nicht immer super gut,
auch wenn das Hirn es aus Wut tut.
Das Karussell der Scheiße hat sein eigenes Drehmoment,
von dem nur der Teufel die Anleitung kennt.
Deshalb versuch lieber auszubrechen,
als dich im Kreise an der Unendlichkeit zu rächen.
Lass lieber die Freude rein,
nimm 4711,
dann kann der Gestank nicht mehr so schlimm sein.

FEUERWERK DES DANKES

Dein Dankesagen hat mich erfüllt,
dein Dankesagen hat mich zum Lachen gebracht
und ein Feuerwerk in meiner Seele entfacht.
So seh ich die Sternschnuppen fliegen
und lerne meine neue Situation zu lieben.
Denn endlich konnte die Hoffnung siegen
und die Liebe beginnt zu fliegen.

MEHR NACHTISCH

Wenn Flügelflatterschlangen
und ein Feuerwirbelsturm tobt,
hat der Ameisenwimmelhaufen ein Ausgehverbot.
Und der Lügenkünstler aller Schmach
hat sein eigenes Sein vertagt.
So lebt der Wahnsinn in unserer Welt,
wenn der Montagsmittagsschimmer mehr Nachtisch bestellt.

VIRUS DES LACHENS

Ein Hochsommerlachen liegt in der Luft,
so eins, das nach Anstecken ruft.
Ein neues Virus ist geboren
und endlich geht keiner mehr verloren.
Ein Lachen, das uns allen Freude bringt,
so dass es jedem stets gelingt.
Ein dickes, breit grinsendes Sein
kommt in unser Leben rein.
So hat das Universum es bestellt,
auf dass es wieder unsere Welt erhellt.
Dieses Lachen liegt in der Luft,
die nach Fröhlichkeit ruft.
So werden wir wieder glücklich hier auf Erden
mit diesem Glückslachen werden.

HEIMATHAFEN

Mein Heimathafen heißt Lachen,
mein Anker ist die Fröhlichkeit.
So hab ich meine Segel Richtung Freude gehisst
und hoffe, dass die Traurigkeit mich stets vergisst.
Werd so meinem Leben Freude, Liebe und Hoffnung geben
und durch meine Träume schweben.
So was nenn ich Freudenleben,
dem Heimathafen entgegen, schweben im Leben!

LIEBESHIMMEL

Der siebte Himmel schließt heute um halb sieben,
wären wir doch lieber nur auf Wolke vier geblieben,
dann würden wir jetzt nicht aus dem Himmel vertrieben.
So könnten wir uns weiter lieben
und müssten unsere Gefühle nicht verschieben.
Die Engel protestieren,
Amor kann nichts mehr arrangieren
und im Himmelsbüro kopieren sie Herzen in Schwarz-Weiß.
Die Träume trösten sich und warten,
irgendwann wird die Liebe wieder neu durchstarten.
Dann haben alle traurigen Herzen gute Karten,
denn es lohnt sich immer, auf die Liebe zu warten.
Die Sterne werden so lange leuchten
und alle Traurigkeit verscheuchen.

DAS MORGEN BASTELN

Und heute bastle ich mein Morgen
und mach mir einfach keine Sorgen.
Ich gucke fröhlich in den Tag
und tu, was meine Seele sagt.
So erwacht ein Lachen in mir drin
und gibt meinem Leben den schönsten Sinn.

ERKENNTNISSE DES VIERTEN STREICHS ...

HAST Du Dein Traumwunder im Sehnsuchtsort beim Theaterspiel des Seins gefunden?

Halte es hier fest, damit keines Deiner Wunder Dich jemals wieder verlässt!

. . . .
. . . .
. . . .
. . . .
. . . .
. . . .
. . . .
. . . .
. . . .
. . . .
. . . .
. . . .
. . . .
                                  . . . .
                                  . . . .
                                  . . . .
                                  . . . .
                                  . . . .
                                  . . . .

SCHLUSSHOFFNUNG

Ich hoffe,
dieses Büchlein konnte Dich mit auf eine Reise
in das magische Abenteuerland
des Buchstabenzaubers nehmen,
so dass Du erkennen konntest,
dass die Hoffnung, die in allen Worten lebt,
immer das Fenster in eine bessere Zukunft öffnet.
So mögen die Worte
zwar hier auf dieser letzten Seite enden,
aber die Magie, die sie freigesetzt haben,
wird immer in unseren Gedanken sein.
Dadurch kann der Buchstabenzauber
seine heimliche Hauptrolle spielen
und die Kunst des Träumens entfalten.

Wundertütenpoet

Besuche mich auf

www.wundertuetenpoet.de